Leuchten   Experimentelles Entwerfen mit Industrieprodukten

Impressum

Katalog zur Ausstellung
Swissbau '03 – Messe Basel
21.–25. Januar 2003

Herausgeber:
Lehrstuhl Prof. Hans Kollhoff
Architektur und Konstruktion
ETH Zürich

Assistenten:
Mireille Blatter
Urs Esposito
Martin Gautschi

Konzept und Gestaltung Ausstellung:
Mireille Blatter
Petr Chrysta
Urs Esposito

Mitarbeit Ausstellung:
Harald Bindl
Christoph Weigele

Konzept und Gestaltung Katalog:
Mireille Blatter
Petr Chrysta

Umschlagkonzept:
Andreas Peyer, Zürich

Fotografie:
Alexander Troehler, Zürich

Lithografie:
Pixlerei, Zürich

Druck:
Waser Druck AG, Buchs ZH

ISBN: 3-85676-117-9

© Januar 2003
ETH Zürich
Lehrstuhl Prof. Hans Kollhoff
ETH Hönggerberg
CH-8093 Zürich

5	Vorwort
6	Einleitung
14	Altenburger Olivier
18	Baur Daniel
20	Burtolf Christian
24	Chrysta Petr
28	Deuber Angela
30	Dilger Tanja
34	Donaubauer Maximilian
38	Gagro Natalie
40	Gantner Stefan
44	Gruber Hans-Peter
48	Haefeli Raphael
52	Hahn Anja
56	Hatzfeld Adrian
58	Heider Valérie
62	Hurschler Barbara
66	Krayer Lukas
70	Langer Anne
74	Nachbur Mathias
78	Rossmaier Roland
80	Schibler Sara
84	Schultze Karin
88	Schwarzburg Jörg
92	Suter Claudia
96	Verasani Christian
100	von Arx Michael
104	von Geyr Bianca
109	Dank

Massstab Konstruktionspläne 1:10

Vorwort

Mit zunehmendem Unbehagen muss der Architekt zur Kenntnis nehmen, dass sich die grosse Hoffnung der Moderne, das für jedermann erschwingliche und schöne Massenprodukt, unversehens zum Luxusgegenstand mutiert hat oder aber dem Design zum Opfer gefallen ist. Die unerschwingliche Ikone der klassischen Moderne vermag in der Regel ebenso wenig die Bedürfnisse des Bauherrn zu befriedigen wie die aus Marketinggründen zu einem skurrilen Panoptikum verkommene Form-, Material- und Farbpalette des „modernen" Design. Die Industrie hat sich ganz offensichtlich auf kurzlebige Produkte durchschnittlicher Qualität eingestellt, die möglichst vielen Zwecken recht und schlecht genügen sollen und auf die momentanen, modeabhängigen Geschmacksvorstellungen der Masse des „Verbrauchers" zugeschnitten sind. Auf der Strecke bleibt dabei das hochwertige, langlebige Produkt für den spezifischen Zweck und den besonderen Anspruch. Und weil insbesondere im Wohnbereich zwischen „Ikea" und den minimalistischen Exerzitien ambitionierter Neuschöpfungen eine beängstigende Angebotslücke klafft, die nur mehr durch Antiquitäten zu kompensieren wäre, beginnt der Architekt wieder, Einrichtungsgegenstände selbst zu entwerfen. Er findet auch Handwerker, die ihrem Beruf doch nicht ganz entfremdet sind und man sieht dann dem handgefertigten Gegenstand, auch zur Freude des Bauherrn, an, dass die Arbeit daran Spass gemacht hat.

Deshalb haben wir uns in den vergangenen Semestern mit dem Entwurf von Stühlen für einen Esstisch befasst, weil der Allzweckstuhl der Moderne, der Freischwinger von Marcel Breuer mitsamt seinen Kopien und Variationen, von Mart Stam bis Philip Starck, nichts taugt für einen Esstisch, einfach deshalb, weil man beim Essen den Löffel ruhig zum Mund führen möchte, ohne zu wippen.

Extremer noch als bei Stühlen sind wir mit dieser Herausforderung bei Beleuchtungskörpern konfrontiert. Es gibt tausenderlei Leuchten für jeden Geschmack und jeden Zweck, so scheint es, wenn man die Firmenkataloge blättert, aber man findet nicht eine einzige Leuchte für eine Eingangshalle, ein Treppenhaus oder gar ein Wohnzimmer, die nicht aufdringlich, schlecht verarbeitet oder von einem quälenden Licht wäre.

Der Entwicklung von künstlichem Licht ist es unter einseitig technischem Innovationsdruck gelungen, den Unterschied zwischen privater und öffentlicher Beleuchtung aufzuheben. Viele Neuerungen, die ursprünglich für industrielle und gewerbliche Bereiche entwickelt wurden oder für Verkaufs- und Bürobeleuchtung bestimmt waren, werden inzwischen für Wohnräume verwendet. Die technischen Errungenschaften haben dazu geführt, Licht als etwas Abstraktes zu begreifen, das in klinischer Art möglichst hell zu sein hat, um jeden Raum in ein Kunstlichtstudio zu verwandeln.

Wir wollen uns deshalb die „Downlights" aus dem Kopf schlagen und auch die Niedervoltfunzeln und wieder über Licht reden – und Raum.

Dass die vorgestellten Studentenarbeiten bei diesem Anspruch nicht mehr sein können als erste Gehversuche, versteht sich von selbst.

Hans Kollhoff

Einleitung

„Leuchten", lautet der Titel zur 6. Ausstellung des Lehrstuhls von Prof. H. Kollhoff an der Swissbau.

Mit dem Thema Leuchten haben wir eine Aufgabe gewählt, die es erlaubt, wichtiges verlorenes Terrain architektonischen Schaffens in die Verantwortung des Architekten zurückzuholen. Sowohl das Bewusstsein über die Wirkung des Kunstlichtes in unseren Räumen soll dabei geschärft werden als auch die Erkenntnis, dass es zwischen „Licht an" und „Licht aus" eine unendliche Palette von Lichtstimmungen gibt, die der Mensch, bezogen auf seine Tätigkeiten und Gefühle, nicht missen möchte. Eine Vernachlässigung des Kunstlichtes bedeutet den Verzicht auf ein komplexes Spektrum architektonischen Entwerfens und führt letztlich zu einer sinnlichen Verarmung und einem kulturellen Verlust.

Ungern würde der Architekt die Gestaltung der Öffnungen und der Fenster eines Bauwerkes dem Fensterbauer überlassen. Weiss er doch, dass damit der Ausdruck und die Typologie im Äusseren wie im Inneren des Hauses mitbestimmt wird. Umso mehr erstaunt, dass die Kunstlichtplanung zunehmend als Sache der Haustechnik gilt und bei der Wahl der Leuchten ganz unkritisch auf den Katalog zurückgegriffen wird. Meist helfen auch die Lichtplaner nur bei der Bewältigung technischer Probleme. Das Defizit im Wissen über die Wirkung des Lichtes können sie nicht kompensieren. Daher erscheint es uns wichtig, die Studenten zu sensibilisieren und sie mit der Justierung des Kunstlichtes und der Gestaltung von Leuchten vertraut zu machen.

Die Leuchte ist die architektonische Fassung des Leuchtmittels, sie ist das Gewand der Glühbirne. Als Körper im Raum beeinflusst sie dessen architektonische Wirkung und variiert mit ihrem Licht die Atmosphäre des Raumes. Nur selten vergegenwärtigen wir uns, dass wir Gegenstände einzig und allein durch das Licht sehen. Das Licht wird von den uns umgebenden Objekten zurückgeworfen und formt in unserem Auge ein Bild, das über die Sehnerven eine Vorstellung auslöst. Jede Form, jedes Profil, jede Textur und Farbe verdichtet sich im Sensorium des Betrachters zu einem ganzheitlichen Eindruck.

Das menschliche Auge vermag unter ausserordentlich verschiedenartigen Beleuchtungsstärken zu sehen, an einem hellen Sommertag bei 100'000 Lux, bei Mondlicht mit nur 0,2 Lux. Entsprechend ist bei spezifischen Richtwerten für Beleuchtungsstärken Vorsicht geboten, da Normen unterschiedlich empfunden werden und einen breiten Grenzbereich aufweisen. Die nackte Glühlampe fand als technische Errungenschaft keine Akzeptanz für den Wohnbereich. In Form elektrifizierter Kerzenständer wurde ihre Blendwirkung als unerträglich empfunden, obwohl die Lichtstärke einer Glühlampe anfänglich dem Licht von gerade 8 Kerzen entsprach! Mit dem elektrischen Licht entstand also eine neue gestalterische Aufgabe. Bei der bis dahin bekannten Laterne mit Kerzenlicht oder Gasflamme bot das meist klare Glas einerseits Feuerschutz, andererseits wurde auf diese Weise das Erlöschen des Lichtes durch Windzug verhindert. Bei der neuen elektrischen Lampe wird dagegen die Lichtstärke der Glühbirne mit transparenten, reflektierenden oder diffusen Umhüllungen gerichtet und möglichst blendfrei in den Raum gestreut und verteilt.

Die Sehnsucht des Menschen nach Licht und das Verlangen, der Dunkelheit Herr zu werden, sei es in Form von Feuer zur Vertreibung wilder Tiere oder böser Geister, oder um länger und tageslichtunabhängig arbeiten zu können, hat eine eindrucksvolle Palette technischer Lösungen hervorgebracht. Heute empfinden wir Kunstlicht als selbstverständlich. Nachts gibt es kaum mehr unbeleuchtete Strassen und Plätze und ungeachtet des immer höheren Stromverbrauchs werden tagein tagaus Räume undifferenziert mit Kunstlicht ausgeleuchtet. Es erscheint daher sinnvoll, über die bewusste Wahrnehmung des natürlichen Tageslichtes wieder Erkenntnisse zu gewinnen für die Wirkung von künstlichem Licht.

Versuchsanordnung

Als Einstieg der Studenten für das Wahlfachthema „Leuchten" dient eine Versuchsanordnung mit drei Vorübungen:
Lichtwahrnehmung, Lichtstimmung und Raumwirkung.
Die Semperaula als repräsentativer Raum im Hauptgebäude der ETH Zürich, mit fein gegliedertem, farbig bemaltem und goldverziertem Wandrelief und bedeutender Deckenmalerei, schien uns prädestiniert als Ort für diese Lichtstudien.
Die heutige Ausleuchtung mit lichttechnischen Ansprüchen für eine Vielzahl von Funktionen, vom Hörsaal bis zum Festsaal, gibt Anlass, den von Gottfried Semper ursprünglich mit Gasleuchtern ausgestatteten Raum genau zu betrachten.

"There are occasional mornings when, with an early fog not yet dispersed, one finds oneself, on stepping onto the parapet, the spectator of an even more nebulous panorama. Literally, there is nothing to be seen but mist; not a tower has yet been revealed below, and except for the immediate parapet rail (dark and wet as an ocean liner's), there is not a suggestion of either locality or solidity for the coming scene. To an imaginative spectator, it might seem that he is perched in some elevated stage box to witness some gigantic spectacle, some cyclopean drama of forms; and that the curtain has not yet risen."

Text: "Metropolis of tomorrow", Hugh Ferriss

Lichtwahrnehmung

Erstelle eine Zeichnung, welche in Anlehnung an die Technik der Kohlezeichnungen von Hugh Ferriss die Lichtstimmung und die atmosphärische Raumwirkung in der Semperaula erfasst.

Lichtstimmung

Entwickle ein Beleuchtungskonzept für die Semperaula. Das Licht soll die plastische Wirkung des Raumes zur Geltung bringen. Erstelle eine Fotomontage, die eine atmosphärische und malerische Lichtstimmung deines Beleuchtungsvorschlags wiedergibt.

Raumwirkung

Entwickle, ausgehend von deinem Vorschlag für die Lichtstimmung, ein Beleuchtungskonzept für die Semperaula. Baue dazu die Leuchten für das vorgegebene Raummodell im Massstab 1:20 und simuliere die beabsichtigte Raumwirkung.

Nach diesen Vorübungen, welche die Wahrnehmung des Lichtes schärfen und einen Einstieg in das Thema „Leuchten" geben sollen, folgt die eigentliche Aufgabe des Wahlfaches: der Entwurf und die Konstruktion einer Leuchte für einen vergleichsweise bescheidenen, vom Studenten ausgewählten Wohnraum. Aus der Vorgabe des eigenen Raumes und über die beabsichtigte Lichtstimmung gilt es, das Thema für den Entwurf der Leuchte herauszuarbeiten. In gegenseitiger Bedingung soll auf diese Weise die Material- und Formwahl im Zusammenspiel mit den Leuchtmitteln zur Gestaltung der Leuchte beitragen. Material, Form und Konstruktion sollten in der architektonischen Erscheinung und in ihrer Fügung sowohl das Versprechen einer stimmungsvollen Beleuchtung einlösen als auch dem Vergleich mit überlieferten Beispielen standhalten.

Mit der Vertiefung zum Diplomwahlfach werden im Anschluss an das Semester, unterstützt durch Handwerksfirmen und Leuchtenhersteller, Prototypen im Massstab 1:1 gebaut.

Für eine Bereicherung und Verfeinerung architektonischer Ausdrucksmöglichkeiten ist diese Zusammenarbeit und der damit verbundene Austausch zwischen Schule und Praxis unabdingbar und ermöglicht die Entwicklung von Entwurfsideen in Verbindung mit einer korrespondierenden Bautechnologie.

Das Thema der Leuchte ist im Vergleich zu den vorangegangenen Themen und im Bezug auf die Realisation der Prototypen eine gewaltige Herausforderung. Die Einzelanfertigung von Glaskörpern ist aufwendig, so dass in einzelnen Fällen mit der Verwendung von Kunststoff günstigere Alternativen gewählt wurden. Der mit grossem Aufwand gebaute Prototyp ist unverzichtbar, um lichttechnische, formale und konstruktive Mängel zu erkennen, aber auch um Hypothesen des Entwurfes zu überprüfen und für eine Weiterentwicklung zu nutzen.

Mireille Blatter

Olivier Altenburger

Die lineare Leuchtstofflampe ist geradezu eine Herausforderung, da ihr im privaten Wohnbereich ein eher schlechter Ruf unter den Leuchtmitteln anhaftet und sie lediglich durch ihre wirtschaftliche Rentabilität in Industrie und Gewerbe Einzug findet. Dabei ist sie für den Haushalt durchaus tauglich. Durch die Verwendung eines elektronischen Vorschaltgerätes fällt die bisherige Aufwärmzeit des Leuchtgases und das darauf folgende stroboskopartige Licht mit seinem begleitenden Summton weg. Ein Licht, messbar mit allen übrigen Leuchtmitteln, ist durchaus gegeben.

Ein weiterer Gestaltungseinfluss auf die Leuchte ergibt sich durch die Beschaffenheit des Esszimmers. Die Wandtäferung schafft auf der Ebene des Benutzers einen gefassten, geborgenen und warmen Raum, der zum darüberliegenden neutralen und offenen Deckenraum im Kontrast steht. Gegensätze von gefasst und offen, bedingt durch die Betrachtungsweise des Benutzers und getrennt durch den Horizont des Täferabschlusses, stehen einander gegenüber.

Die faszinierende Gegebenheit dieser beiden Raumprinzipien, die nebeneinander im selben Raum wirken, versuchte ich durch meine Leuchte zu nutzen und zu verstärken.

Die Leuchte, bestehend aus einer Stahlkonstruktion, zwei Glaslamellen und einer Leuchtstoffröhre, schafft, durch Umklappung der halbtransparenten Lamellen um die Leuchtstoffröhre und durch die mit dem Klappmechanismus verbundene Höhenverstellbarkeit, zwei verschiedene Raumstimmungen.

Zum Tisch geklappt, schafft die Leuchte ein gefasstes Licht zum Esstisch hin und zum unmittelbar umgebenden Raum.

Zur Decke hochgeklappt, erhellt die Leuchte den gesamten Deckenraum, der indirektes Licht in das ganze Zimmer gibt und dieses ganzheitlich erhellt.

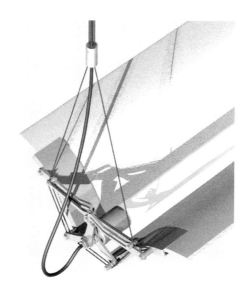

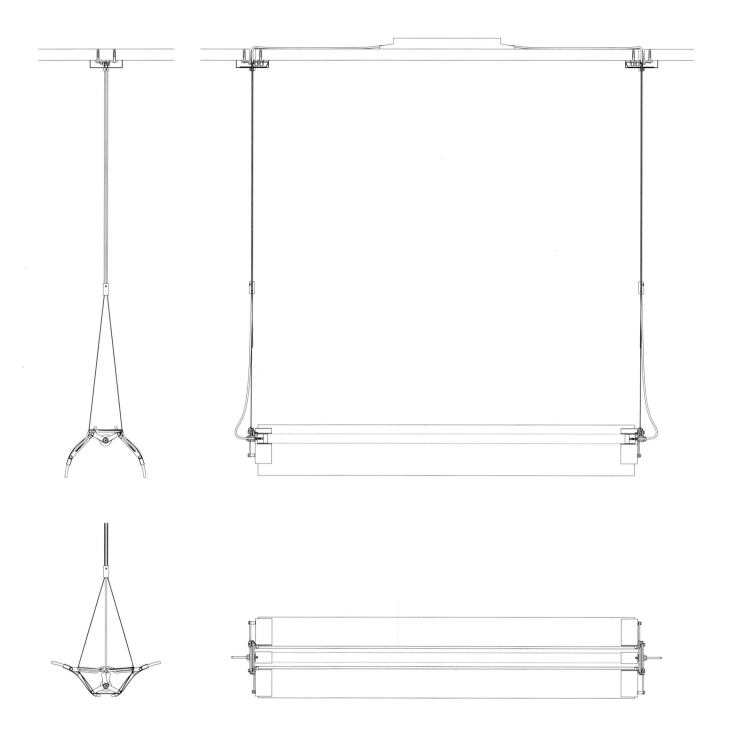

Leuchtmittel:
Leuchtstofflampe Lumilux de Luxe 36 Watt
Tageslicht weiss, L970 mm, D26 mm

Glaslammellen:
abgesenktes Flachglas, 6 mm
einseitig geätzt

Konstruktion:
Chromstahl, gebürstet

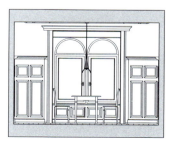
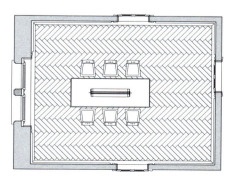

Daniel Baur

Diese Leuchte wurde für ein Esszimmer in einer Jugendstilvilla (Arch. F. Herre) entworfen. Die schlichte Esszimmereinrichtung stammt aus den 30er Jahren.
In diesem sehr hohen Raum sind Türen, Fenster und Parkett noch originalgetreu vorhanden. Um gleichzeitig eine gute Ausleuchtung des Tisches und des Raumes zu erzeugen, besteht die Lampe aus zwei Teilen, die gegeneinander verschiebbar sind. Wird die Leuchte auseinandergezogen, beleuchtet sie direkt den Tisch und die Decke, durch die Glasschirme wird weiches Licht in den gesamten Raum geworfen. Zusammengezogen wirkt sie als Lichtkörper, der das Zimmer mit gleichmässigem Licht ausfüllt. Die Lampenschirme funktionieren als Gegengewichte, die über Drahtseile verbunden sind und durch Rollen im Baldachin umgelenkt und gleichzeitig mit Niedervoltstrom elektrifiziert werden. Die Lampengestelle und der Baldachin sind aus Messingteilen hartgelötet. Die Lampenschirme sind aus Milchglas und werden durch eine Krone mit dem Gestell verschraubt.

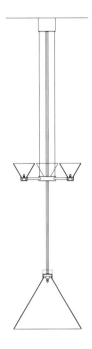

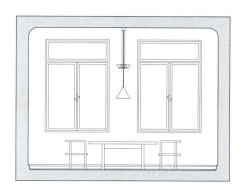
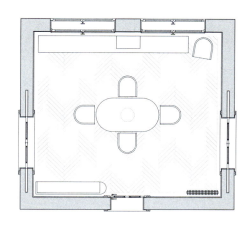

Christian Burtolf

Vor einigen Jahren kennengelernt, ein repräsentativer Raum mit speziellem Charakter, im Haus eines Freundes, das Wohnzimmer von Carl Gustav Jung.

Beim Entwurf einer Leuchte für den Raum im Wohnhaus in Küsnacht am Zürichsee interessierte nicht die geschichtsträchtige Persönlichkeit des Psychoanalytikers. Die Herausforderung beim Entwurf bestand darin, für den seit Anfang der 1960er Jahre kaum veränderten Raum eine Beleuchtung zu entwickeln, die sich körperlich gegenüber der ausgewogenen Möblierung zurückhält, aber trotzdem den Anspruch einer effizienten Ausleuchtung eines Raumteils erfüllt.

Der knapp siebzig Quadratmeter grosse Raum mit einer Höhe von 3,6 Metern wird bis heute als Salon, Ess- und Lesezimmer benutzt. Die dreiflammige Stehleuchte soll den unterschiedlichen Anforderungen gerecht werden und ermöglicht das Umschalten zwischen verschiedenen Beleuchtungsarten.

Ein schlichtes Gestell aus Aluminium trägt einen leichten, fast transparenten Schirm aus Glasfiber; ein Körper, der im Raum zu schweben scheint und nur durch ein dünnes Rohr getragen wird. Das Volumen wandelt seine Wirkung mit den verschiedenen Lichteinstellungen.

Der Raum kann in ein horizontal diffuses, ein nach unten gerichtetes oder indirekt über die Decke wirkendes Licht gehüllt werden, so dass unterschiedliche Lichtstimmungen entstehen.

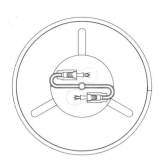

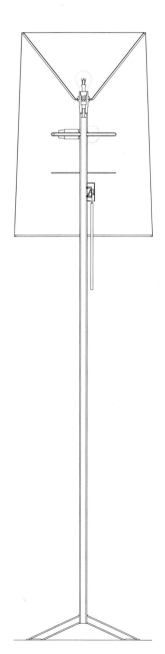

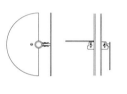

Leuchtmittel:
Glühbirnen 3 x 25 / 1 x 40 Watt

Lampenschirm:
Fiberglas 0,2 mm

Konstruktion:
Aluminium, farblos lackiert

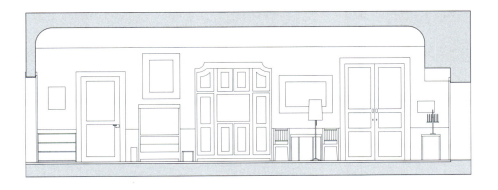

Petr Chrysta

Weiss und Flieder
Diese Stehleuchte hat die Funktion einer Leseleuchte. Ein weisses direktes Licht strahlt gegen die Decke hin, während ein farbliches Lichtspiel auf die Täferung des Raumes fällt, das durch einen plissierten, fliederfarbenen Stoff hervorgerufen wird. Das Leselicht entspringt direkt dem relativ breiten Schirm.
Der mit Seide bespannte Schirm soll das mit Leinen bezogene Sofa ergänzen. Die plissierten Stehfalten des Schirms sorgen auch am Tag für eine Lichtreflexion je nach Lichteinfall und verleihen der Lampe so eine wandelnde Farbe. Im Dunkeln strahlt dann die Leuchte ihre Farbe aus.

Leichtigkeit und Schwere
Ein Spannungsfeld ist angelegt, indem im unteren Teil, dem schweren Fuss samt Schaft, mit einer ruhigen Führung der Schaftlinie bis in die Höhe, eine leichte, fast schwebende Lichtquelle im Schirm entgegengesetzt wird. Zusätzlich taucht der Schaft in einen Lichtstrahl, der durch den Boden des Schirmes gebündelt wird.

Linie und Kreis
Grundformen sollen erweitert und in verschiedenen Variationen in ihrer Proportion aufeinander abgestimmt werden. Der Kreis entwickelt sich zum Kegelstumpf, der Zylinder zum Konus.

Mattschwarz und Glanz
Die Materialwahl unterstützt die gestalterische Absicht der Schwere des Fusses zur Leichtigkeit des Lampenschirmes: der Fuss mattschwarz gestrichenes Holz, die Metallkonstruktion Messing, gebürstet und vernickelt, der Lampenschirm satinierte und plissierte Seide.

Leuchtmittel:
Halopins, 3 x 75 Watt

Lampenschirm:
Seide, plissiert

Konstruktion:
Messing, vernickelt, matt gebürstet
Lärchenholz, matt gestrichen

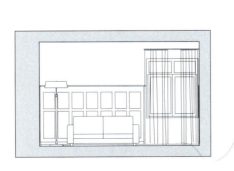
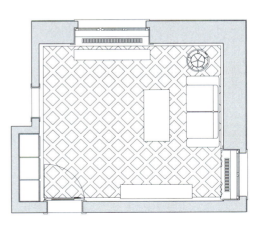

Angela Deuber

Für den Wohnraum der Villa Guglielmo wird ein moderner Kristallleuchter vorgeschlagen, der den Raum in ein weiches, gestreutes Licht taucht. Das Objekt, inspiriert von Leuchten der 20er und 30er Jahre, erzeugt mit relativ einfachen Mitteln ein sehr vielfältiges Licht. Aufgrund der gestaffelten Glasstäbe entstehen dickere und dünnere sich überschneidende Glasschichten, durch die das Licht unterschiedlich strahlt. Erhöht wird dieses Lichtspiel durch den Querschnitt und die Bearbeitung der Glasstäbe. Die sternförmigen Dreikantprismen brechen das Licht und leiten es weiter. Die Leuchte besteht aus 108 Glasprofilen, die radial an Metallprofilen angeordnet und ineinander gehängt sind. Die Glasstäbe werden mit Metallhaken an den vier unterschiedlich grossen Messingringen (190 bis 450 mm Durchmesser) befestigt. Die L-Profile der Ringe sind durch Metallketten miteinander verbunden. Der oberste Ring wird an der Deckenplatte eingehängt, an die auch die Halterung für die Lichtquellen geschraubt ist. Im Inneren befinden sich drei horizontal gerichtete Glühlampen und eine nach unten gerichtete, die separat geschaltet werden können.

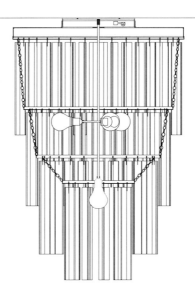

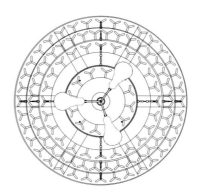

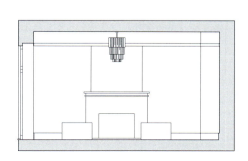
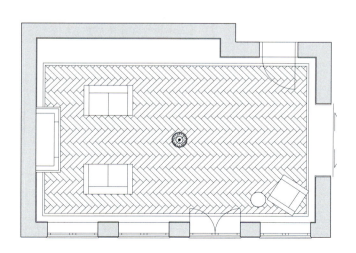

Tanja Dilger

Die Leuchte ist als Pendelleuchte für einen nach drei Seiten offenen, an das Wohnzimmer anschliessenden Raum konzipiert und wird als zusätzlicher Ess- und Aufenthaltsraum genutzt.

Den unterschiedlichen Nutzungsmöglichkeiten des Raumes folgt auch der Entwurf der Leuchte: So verharrt sie in ihrer Grundstellung und bildet mit dem darunter stehenden Tisch ein Stillleben, das von der Eingangszone, gleich einem Bilderrahmen, gefasst wird.

Je nach Art der Raumnutzung und des jeweiligen Bedarfs kann die Figur der Leuchte und somit die Lichtlenkung verändert werden: durch Drehung ihrer Arme bildet die Leuchte stets neue Figuren, die sich unterschiedlichen Gegebenheiten anpassen und entsprechende Akzente setzen.

Die obersten und untersten sowie die beiden mittleren Arme laufen jeweils in die selbe Richtung und können um 15°, 30°, 45°, 60° und 90° gedreht werden.

Diese Festlegung ermöglicht ein Maximum an Rotationsformen.

Die Überfanggläser unterstützen in ihrer Form die Idee des Leuchtenentwurfs, indem sie kegelförmig an den Enden der Leuchtenarme, ähnlich einem Mobile, befestigt sind. Das unterste, am Mittelrohr befestige Glas ist grösser und unterscheidet sich auch durch die Helligkeit des Leuchtmittels von den übrigen Gläsern. Es betont die Zentriertheit der Leuchte und weist unabhängig von der Stellung der Arme auf den Mittelpunkt des Raumes und den Esstisch darunter.

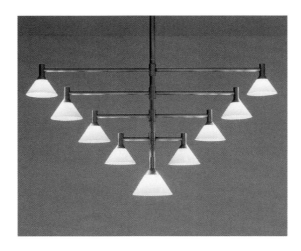

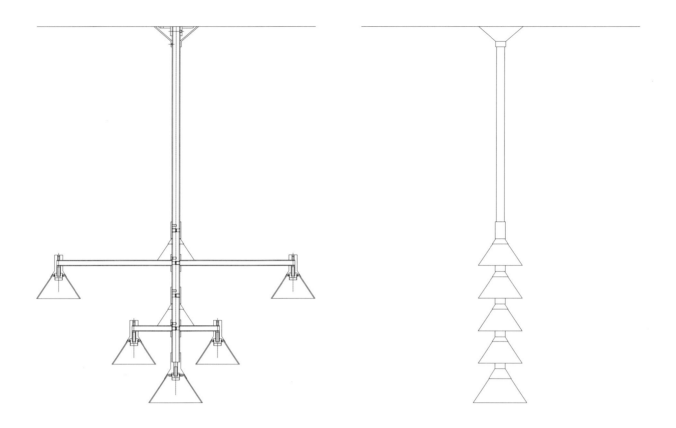

Leuchtmittel:
NV-Halogenleuchtmittel 8 x 20 / 1 x 35 Watt

Leuchtkörper:
Überfangglas, weiss matt, 3 mm

Konstruktion:
Stahlrohre, poliert

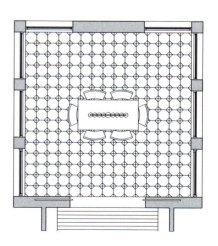

Maximilian Donaubauer

Der Sommersaal der ehemaligen Domprobstei Eichstätt bot eine repräsentative und zugleich lichttechnisch verbesserungswürdige Ausgangslage. In dem als Sitzungszimmer genutzten Raum galt es, eine Leuchte zu entwickeln, die sowohl der wertvollen Stuckdecke (ca. 1670) als raumbestimmendem Element als auch den Anforderungen einer Arbeitsplatzbeleuchtung lichttechnisch und gestalterisch Rechnung trägt. Der Entwurf orientiert sich an historischen Korblüstern, substituiert aber den üppig wirkenden Strassbehang zugunsten mundgeblasener Hohlglaskörper bisher nicht realisierter Grösse. Ein handwerklicher und damit unexakter Schliff nimmt den mattierten Gläsern ihr visuelles Gewicht und sollte sowohl Lebendigkeit wie auch Wertigkeit der Leuchte steigern helfen.

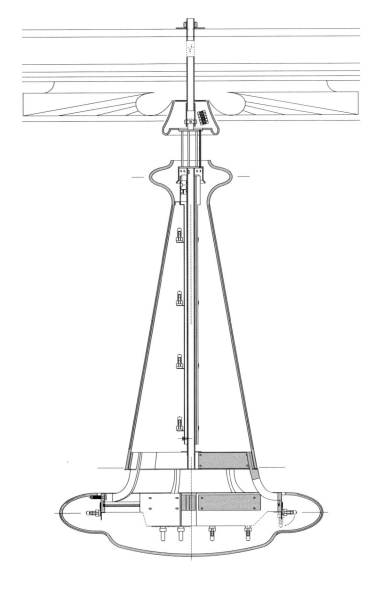

Leuchtmittel:
Halopin 26 x 25 Watt / 6 x 30 Watt

Glaskörper:
Kristallglas, sandgestrahlt
mit Klarglasstreifen, 6 mm

Konstruktion:
Chromstahl, gebürstet

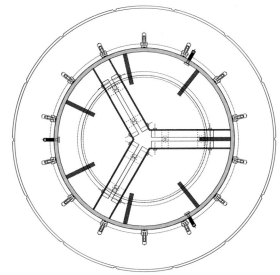

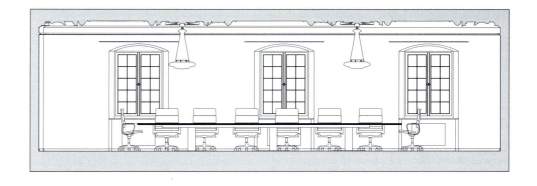

Natalie Gagro

Die Leuchte besteht aus drei Elementen: zwei ineinander liegenden Schalen und einem Pendelstab, an dem diese aufgezogen werden.

Das Beleuchtungskonzept sieht vor, dass einerseits die Zimmerdecke angestrahlt wird und andererseits durch die ineinander liegenden Schalen ein gefiltertes, gestaltetes Licht in den Raum fällt. Dies soll erreicht werden, indem die zwei mundgeblasenen Schalen mit unterschiedlich stark eingefärbten Überfanggläsern versehen werden. So ist die äussere Schale nur leicht eingefärbt, d. h. semitransparent und lässt, auch wenn das Licht nicht eingeschaltet ist, den zweischaligen Charakter der Leuchte erkennbar werden. Die innere Schale ist mit einem relativ stark eingefärbten Überfangglas versehen und enthält eine Ritzung, welche, sobald das Licht eingeschaltet wird, ein Muster auf die aussenliegende Schale projiziert. Sie trägt dieses Muster dann auf ihrer Oberfläche und gibt ein Licht weiter, das sich wie ein Vorhang über den Raum legt.

Struktur aus nickelmattem Metall
Leuchtmittel: Halopin 70 Watt

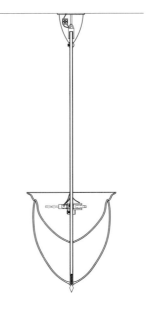

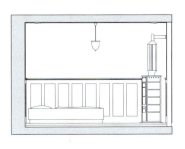

Stefan Gantner

Die Leuchte wurde für das Ess- und Wohnzimmer einer Dachwohnung entworfen. Tisch und Leuchte bilden eine Einheit und markieren den Essbereich als zentralen Ort der Begegnung. Die klar geschnittenen Pyramidenstümpfe stehen in Beziehung zur Dachschräge im Raum.

Durch die Staffelung der tiefgehängten Schalen entsteht eine Schwere, die durch die Spreizung über dem Tisch wieder gefangen wird.

Die Tischplatte sowie der darüber liegende Deckenbereich werden direkt ausgeleuchtet. Zusätzlich geben die transluzenten Schalen indirektes Licht ab, wobei die Innerste am hellsten leuchtet. Der natürliche Lichtverlauf präsentiert sich so überzeichnet.

Die Leuchtschalen sollen aus weiss gefärbtem Glas gegossen sein. Aus Kostengründen ist dieser Prototyp jedoch aus drei Millimeter starken Plexiglasplatten gefertigt: Drei Millimeter starke Platten wurden in passende Stücke geschnitten, an den Kanten auf Gehrung geschliffen und mit einem Lösungsmittel verschweisst.

Kettenartig sind Schirme sowie Halogenfassung an vier Kabeln aufgefädelt und werden mittels Stellringen in Position gehalten. Den Abschluss des Leuchtkörpers bildet ein feiner Stahlrahmen, welcher in der Deckenaufhängung seine Entsprechung findet. Bei der Montage kann die Leuchte hier in Langlöcher eingehängt werden. So lässt sich die Leuchte bequem an den Strom anschliessen. Zuletzt wird die bereits aufgefädelte Abdeckplatte nach oben geschoben und seitlich verschraubt. Sämtliche Stahlteile sind aus Platten und Profilen zusammengeschweisst, verschliffen und vernickelt. Diese Oberfläche erhält mit der Zeit eine leichte Patina. Dazu passend wurde ein Kabel mit Metallgeflecht verwendet.

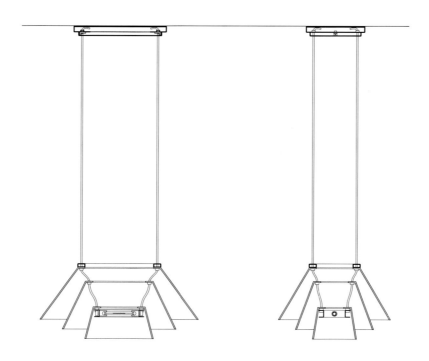

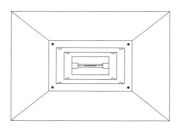

Leuchtmittel:
Halogenstab 150 Watt

Leuchtschalen:
Gussglas, weiss

Konstruktion:
Stahl, vernickelt

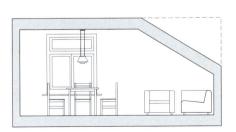 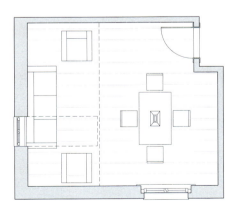

Hans-Peter Gruber

Grundkonzept der Leuchte ist eine Pendelleuchte für einen Raum von bis zu 3,50 m Höhe. Die Leuchte hat die Form einer gedrückten Kugel und besteht aus einer Ober- und einer Unterschale. Die Schalen sind durch die innere Konstruktion in ihrer Lichtwirkung voneinander abgetrennt. Die transluzente Oberschale beleuchtet die Decke und erhellt über die Deckenreflexion den übrigen Raum. Andererseits leuchtet dieser Teil der Lampe selbst und wird dadurch in eingeschaltetem Zustand auch als leuchtendes Objekt wahrgenommen. Der untere Teil ist ebenfalls als Halbschale aus Metall projektiert und hat die Aufgabe, zum einen die Lichtquelle gegenüber dem Auge des sitzenden oder stehenden Betrachters gegen Blendwirkung abzuschirmen, zum anderen weist er eine untere, mit einem inneren Reflektor verbundene Öffnung auf, die eine direkte Beleuchtung nach unten ermöglicht.

Als Leuchtmittel sind vier handelsübliche 60W-Glühbirnen einzusetzen. Drei Glühbirnen sind im oberen Teil, eine Glühbirne ist im unteren Teil innerhalb des paraboloiden Reflektors angebracht.

Die Konstruktion ist über drei gedrehte Metalldrähte justierbar aufgehängt. Die Stromzuleitung erfolgt von oben über einen Baldachin. Die Drähte sind im oberen Teil der Leuchte an einem gedrehten Metallteller befestigt. An diesem liegt die obere Glasschale auf. Die untere Metallschale ist an ihrem oberen Rand mit drei Schrauben mit der Glasschale verschraubt. Die Belüftung der Konstruktion erfolgt durch obere Auslassöffnungen.

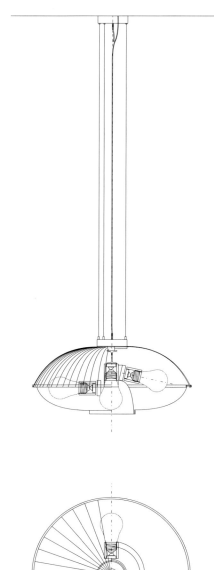

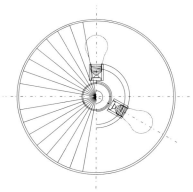

Leuchtmittel:
Glühbirnen 4 x 60 Watt

Leuchtschalen:
obere Halbschale aus opakem Pressglas 4 mm
untere Halbschale aus Aluminium

Konstruktion:
Aluminium

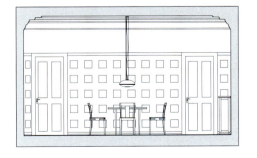 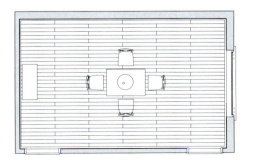

Raphael Haefeli

Die schlichte Eleganz der Lampe gründet auf der Einfachheit des gewählten kleinstädtischen Wohn- und Esszimmers aus dem 19. Jahrhundert.

Funktional, bürgerlich, wohnlich. Die Leuchte adaptiert diese Attribute einerseits durch die Lichtverteilung und garantiert so direktes und indirektes Licht für den Ess- und Arbeitstisch. Andererseits verweist die typische Lampenform auf Leuchten, wie sie in vielen Wohnzimmern anzutreffen sind. Bei der Materialität ist das Element Stoff bestimmend. Aufgegriffen werden die stoffenen Wohnzimmertapeten sowie die schlichten, weich fallenden Gardinen, welche die Lampe und den Tisch umgeben.

Daneben steht die stoffliche Haptik der Lampe in einem ambivalenten Sinne für Wohlbefinden und Funktionalität. So wird die materielle Sinnlichkeit der Lampe in einem einfachen, preisgünstigen und alltäglichen Gegenstand – dem gewobenen Stoff – gefunden.

Die Leuchte verleiht dem alltäglichen Raum Exklusivität, ohne sich aufzudrängen. Dem Gewöhnlichen wird ein Hauch an Extravaganz verliehen. Ein feiner Seidenstoff bildet, gleich einem massgeschneiderten, leichten Sommerkleid, die Aussenhülle der Hängelampe. Ist diese beleuchtet, beginnt ein Spiel von Aufsicht und Durchsicht, von Innen und Aussen. Gleich einem weichen und üppigen Unterkleid scheint der innere, plissierte Körper mit seiner Taillenform durch das „Überkleid" nach aussen. Die aufgegriffene Thematik der Schichtigkeit und Üppigkeit des Materials Stoff wird somit im Innern weitergezogen. Wo bei einer konventionellen Lampe in der Unterschicht Konstruktionsgerüste zum Vorschein kommen, erblickt man hier die weiche Innenschicht der Stoffleuchte.

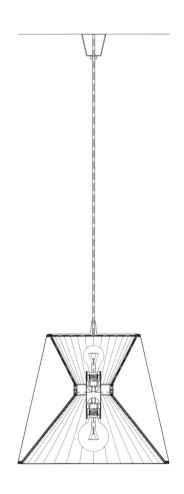

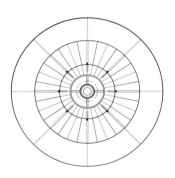

Leuchtmittel:
Glühbirnen 40 / 60 Watt

Lampenschirm:
Seide, plissiert

Konstruktion:
Chromstahl, gebürstet

Anja Hahn

Entwurfsidee Leuchte
Um der Länge des Esstisches gerecht zu werden, entwerfe ich ein Leuchtenpaar:
Das zwischen zylindrischen Glasformen geschichtete Bruchglas soll als Interpretation eines Kronleuchters, als kristallener Körper verstanden werden. Ihre einfache Form nimmt sie in ihrer Präsenz zurück und erlaubt so die Repetition der Leuchte.
Die Lichtverteilung wird durch eine entsprechende Ausbildung der Leuchte im Detail erreicht: Die Öffnung richtet das Licht nach unten und erhellt die Tischfläche optimal. Diese Absicht wird durch das Licht im unteren Glasrand unterstrichen. Im mittleren Bereich streut das gebrochene Glas das Licht und verleiht dem Raum das charakteristische Licht-Schatten-Spiel.
Der emaillierte Abschluss schliesslich verbindet sich optisch durch seine glasähnliche Materalität mit dem Glas. Er wirkt als Reflektor. Das nach oben strahlende Licht scheint den Raum zu öffnen und lässt die Leuchte leicht und schwebend erscheinen.

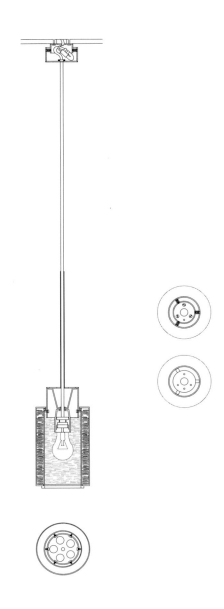

Leuchtmittel:
Glühbirne 40 Watt klar

Leuchtschalen:
Klarglaszylinder 2 mm, mit Bruchglas gefüllt

Konstruktion:
Stahl, weiss emailliert

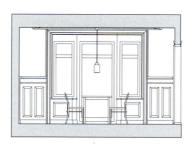
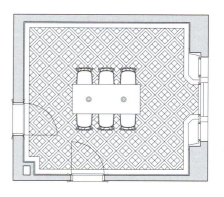

Adrian Hatzfeld

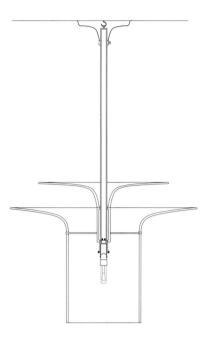

Für ein Esszimmer mit einem zentralen Esstisch ist die Leuchte entworfen. Als Objekt aus dem Zentrum des Deckenspiegels mittels eines Pendels abgehängt, besetzt die Leuchte das Zentrum des Raumes. Die Leuchte ist so entwickelt, dass sie mit einem Leuchtmittel vier verschiedene Qualitäten von Licht erzeugt. Aus dem nach unten offenen Glaszylinder scheint direktes Licht nur auf den Tisch. Das seitlich abgestrahlte Licht wird durch diesen Zylinder blendungsfrei und diffus in den Raum abgegeben. Das nach oben abstrahlende Licht wird vom Glasreflektor zum kleineren Teil diffus an die Decke abgegeben, zum grösseren Anteil aber auf die darunter liegende Milchglasschale reflektiert. Die geätzte Innenseite streut das Licht nach unten. Der Glaszylinder mit direktem und diffusem Licht hat die grösste Leuchtstärke und dient zur Hauptausleuchtug des Esstisches, des Raumes und der Wände. Die beiden Glasschalen wirken als Reflektoren zur schwachen Beleuchtung der Decke und sollen als illuminierte Elemente einen weichen Übergang zur Decke erzeugen.

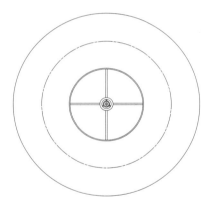

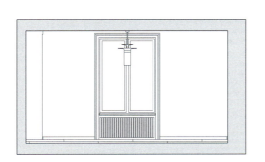
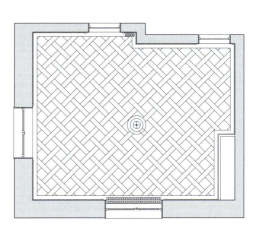

Valérie Heider

Der Raum, den ich gewählt habe, ist ein kleines Entrée in einer 50er-Jahre-Wohnung. Er ist relativ niedrig und besitzt als Verteilerraum keine spürbare Mitte oder Symmetrie. Als Konsequenz aus diesen Voraussetzungen habe ich mich für eine Stehleuchte entschieden, deren Licht nicht gleichmässig wirkt, sondern vielschichtig, warm und sinnlich. Diese Leuchte ist für einen atmosphärischen Raum gedacht wie eine Bar, eine Hotellounge oder ein Wohnzimmer.

Die Stehleuchte verhält sich wie ein Kronleuchter: Sie soll in erster Linie durch ihre Lichtwirkung dem Raum eine besondere, festliche Stimmung verleihen, zudem den Betrachter durch ihr Lichtspiel faszinieren und allein durch ihre Präsenz einen dominanten Akzent im Raum setzen.

Je nach Raum kann der Schwerpunkt durch das Objekt beliebig in einer Ecke oder an einer Seite gesetzt werden. Das Lichtspiel an der Hülle reicht von weich gestreutem Licht durch die geätzten oder sandgestrahlten Oberflächen, über Spiegelungen an den unbehandelten Glasscheiben, bis zur harten Lichtbrechung an den gefassten, grünlichen Kanten. Durch die mehrfache Schichtung der Glasscheiben entsteht zudem eine dreidimensionale Tiefenwirkung der Hülle.

Die Leuchte projiziert auf den Oberflächen ihrer Umgebung abstrakte Lichtfelder aus Überlagerungen von helleren und dunkleren Flächen und verleiht somit dem Raum eine eigene Atmosphäre.

Der vertikale Glaskörper, der aus sieben einzelnen Bausteinen zusammengesetzt wird, steht auf vier windmühlenartig angeordneten Messingplatten. Durch das Glas schimmern die feinen Metallrohre des inneren Traggerüstes durch, an denen die einzelnen Leuchtmittel aufgefädelt sind. Die Hülsen werden oben durch einen Messingdeckel gehalten, der gleichzeitig für den Glaskörper einen Abschluss bildet.

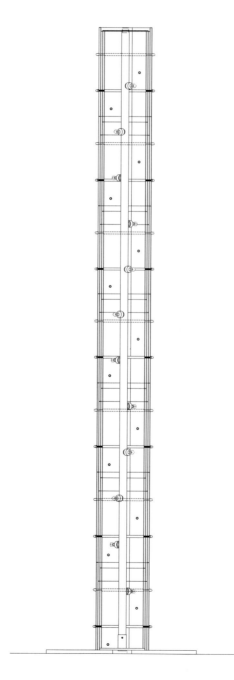

Leuchtmittel:
NV-Halostar Starlite 12 x 20 Watt

Glasstele:
Flachglas 5 mm, 3-lagig
geätzt, sandgestrahlt

Konstruktion:
Chromstahl (Teile innen)
Messing mattiert (Teile sichtbar)

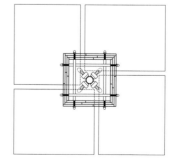

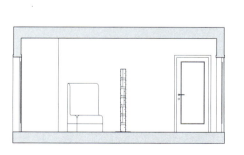 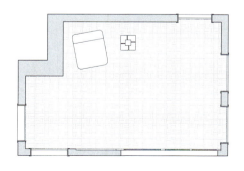

61

Barbara Hurschler

Mit einer einzigen Stehleuchte sollen für einen Wohnraum drei verschiedene Lichtstimmungen erzeugt werden. Die Halogenglühlampe bleibt fix auf derselben Höhe, während ein Aluminiumreflektor und ein mit feinen Stiften gehaltener Leuchtkörper aus Opalglas darüber verschoben werden können. Drei verschiedene Positionen schaffen die gewünschte Lichtsituation. Befindet sich der Leuchtkörper in der höchsten Position, so lenkt der Reflektor direktes Licht nach unten und bringt den unteren Teil des Glaskörpers zum Strahlen. In der mittleren Position liegt der Reflektor genau auf der Höhe des Leuchtmittels, sodass der ganze Glaskörper strahlt und ein gleichmässiges, blendfreies Licht verteilt. Die unterste Position bringt den oberen Teil des Glaszylinders zum Leuchten. Der Reflektor lenkt Licht zur Decke und beleuchtet den Raum indirekt. Ein im Chromstahlrohr der Stele integriertes Gegengewicht soll helfen, den Leuchtkörper leichter zu verschieben. Ein massiver Sockel in Chromstahl verleiht der Leuchte die gewünschte Standfestigkeit.

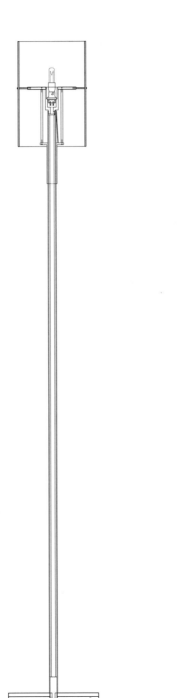

Leuchtmittel:
Halopin 70 Watt

Leuchtschale:
Glaszylinder Opalglas 4 mm

Konstruktion:
Chromstahl, matt

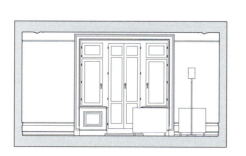
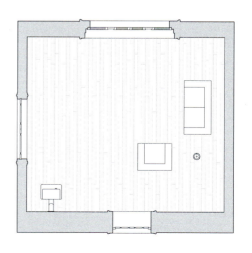

Lukas Krayer

Leuchte für einen Wohn- und Essraum
Ausgehend vom eigenen Wohnraum, war eine Leuchte gefragt, welche die unterschiedlichen Anforderungen an die Beleuchtung eines Raumes bei einer Doppelnutzung als Wohn- und Essraum erfüllt. Die Leuchte soll verschiedene Lichtsituationen ermöglichen: einerseits direktes Licht auf den Esstisch, ohne die obere Raumhälfte im Dunkeln zu lassen, andererseits eine diffuse Grundausleuchtung des Raumes.
Ein tropfenförmiger Leuchtkörper aus mundgeblasenem Opalglas läuft unten zu einem breiten flachen Reflektor aus. Das Glas ist an einer Metallplatte befestigt, die über ein Metallgeflecht, welches das Stromkabel ummantelt, von der Decke abgehängt ist. Die über- und unterhalb der Metallplatte angeordneten Leuchtmittel sind getrennt schalt- und dimmbar und erlauben so verschiedene Lichtstimmungen.

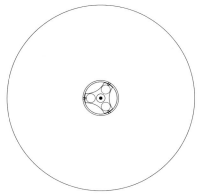

Leuchtmittel:
Halopin 3 x 25 Watt / 1 x 40 Watt

Leuchtschale:
Opalglas, mundgeblasen, 2–6 mm

Konstruktion:
Chromstahl, gebürstet

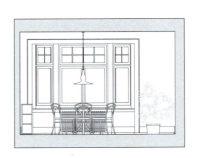
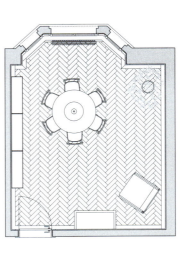

Anne Langer

Die Wandelbarkeit der Leuchte als konzeptionelle Basis des Leuchtenentwurfs erzeugt unterschiedliche Lichtstimmungen, um so den vielfältigen Bedürfnissen und Ansprüchen eines Esszimmers zu entsprechen. Durch das Hochschieben des unteren Metallringes werden die Glasflächen mitgenommen und öffnen sich ähnlich einer Blüte. Der Lichtkegel wechselt von einem fokussierten Licht nach unten zu einem rundum strahlenden Stern. Der geschlossene diffuse Lichtkörper wird zu einer offenen, exponierten Skulptur, die ihr Licht in den gesamten Raum entlässt. Das satinierte Glas verbirgt zunächst das Leuchtmittel geheimnisvoll, bevor die innere Struktur sich abzeichnet und sichtbar wird.

Die Form der Leuchte, einer traditionellen Strassenlaterne in den Arkaden einer europäischen Stadt nachempfunden, ruft Assoziationen von Beschütztheit und Ruhe hervor, die verschwinden, je weiter sich die Leuchte öffnet und dem Betrachter mehr Einblick gewährt.

Die Materialität des doppelten Hexagons aus Messing erlaubt, dass sich das Licht an der Oberfläche bricht, und taucht zusammen mit der Lichtreflexion an die Decke den Raum in eine repräsentativere, öffentliche Lichtstimmung. Die Leuchte wechselt unmerklich und raffiniert ihre Erscheinung und die Raumatmosphäre. Die Materialität, Messing und Glas, bezieht sich auf die Dauerhaftigkeit der Umgebung. Die Wandelbarkeit steht als Phänomen für unsere Zeit.

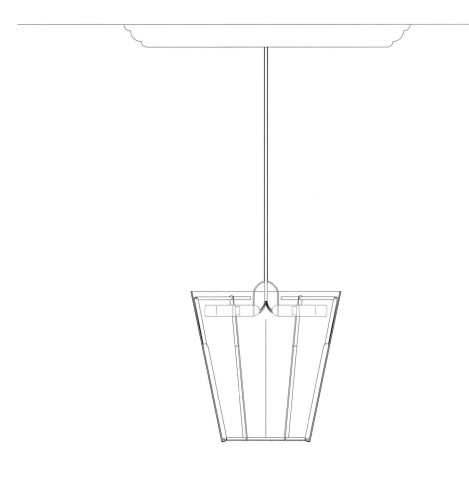

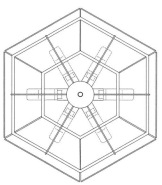

Leuchtmittel:
Glühbirnen 6 x 25 Watt

Gläser:
Überfangglas, opal, geätzt, 4 mm

Konstruktion:
Messing, farblos gespritzt

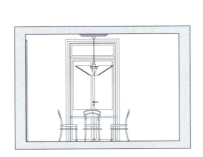
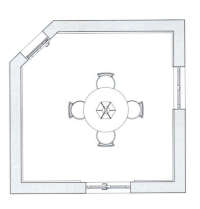

Mathias Nachbur

Die Deckenleuchte ist für einen Ess- und Wohnraum entworfen worden.

Die Poulsen-Leuchten als Vorbild, arbeitet auch diese Leuchte mit der Reflektion von Strahlen.

Diese Strahlen einer nach oben gerichteten Lichtquelle werden an einer Opakglasschale gebrochen. Dadurch wird jedes direkte Licht vermieden, um eine möglichst gute Ausleuchtung des Raumes zu erreichen.

Strahlen eines gewissen Winkels werden durch einen Aluminiumreflektor gebündelt, um die gewünschte Lichtausrichtung zum Tisch und zur Stuckrosette hin zu erreichen. Ein Tragsystem aus Stahl, direkt mit der Aufhängung verbunden, trägt diesen Reflektor sowie die drei Glasschalen und beinhaltet gleichzeitig die Stromführung.

Der Baldachin ist eine weitere kleine Glasschale und übernimmt die Formensprache der Leuchte. Die verschiedenen Formelemente greifen wie selbstverständlich ineinander und ergeben so den einheitlichen Ausdruck dieser Leuchte.

Als Referenzobjekt diente mir die PH-Reihe von Louis Poulsen. Auch ich versuchte die Reflektion und die Brechung der Lichtstrahlen im Konzept der Leuchte, das auf indirektem Licht basiert, umzusetzen. Jeder Lichtstrahl der drei Halopinbirnen wird mindestens einmal an einer der zwei Opakglasschalen reflektiert und gestreut, bevor er in den Raum tritt. Ein Reflektor aus Aluminium sorgt dafür, dass eine Bündelung der reflektierten Strahlen auf gewisse Objekte möglich wird. Die Opazität der Glasschalen bestimmt, welcher Anteil eines Lichtstrahles reflektiert und welcher absorbiert wird resp. durchschimmert und die Umgebung auf diese Weise erhellt.

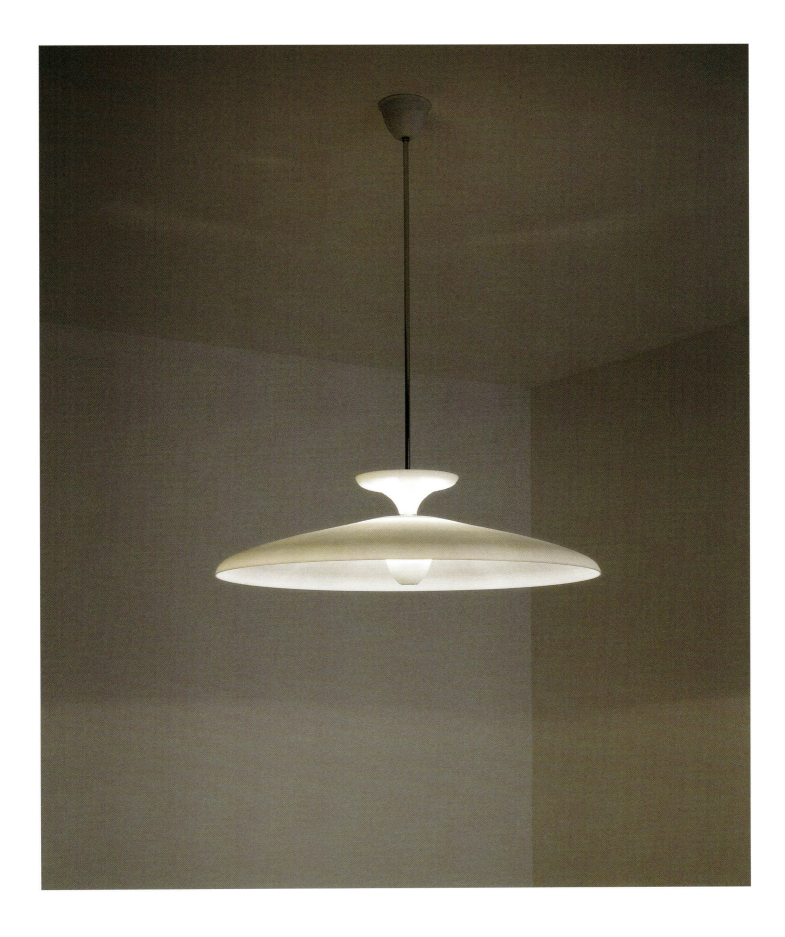

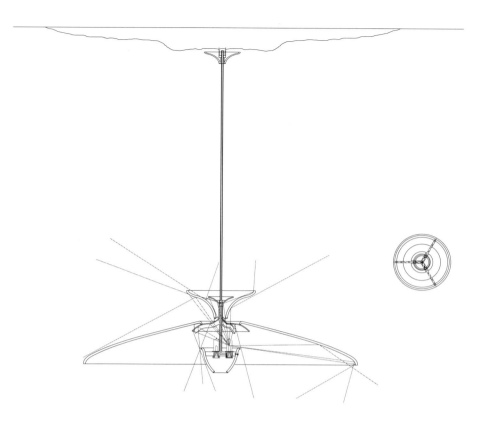

Leuchtmittel:
Halopin 3 x 75 Watt

Leuchtschalen:
Opalglasschale 2 mm, Aluminiumreflektor

Konstruktion:
Stahl, verchromt

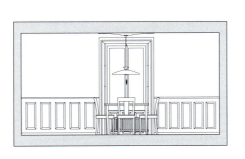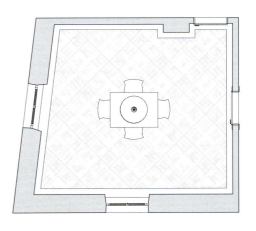

Roland Rossmaier

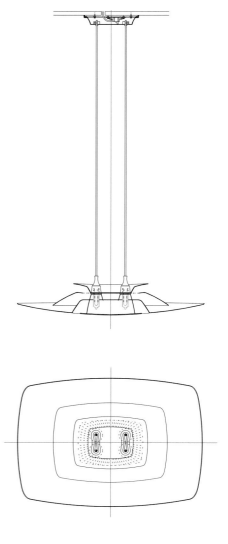

Die Stube aus den 30er Jahren ist Bestandteil eines riesigen baugenossenschaftlichen Hofes in Zürich. Alle Zimmer im Erismannhof, ausser der Küche, wurden mit verschieden breiten Fichtenholzbrettern und Leisten verschalt, die im Laufe der Jahre mehrfach mit weisser Ölfarbe überstrichen wurden. Daher ist die Textur des Holzes darunter mittlerweile höchstens noch zu vermuten. Der Kontrast des leicht schimmernden, glasurhaften, weissen Überzuges der Wände und Decken und des dunklen, matten Eichenholzbodens erzeugen den charmanten und ungewöhnlichen Charakter der Wohnung.

Die in der Leuchte zur Form gebrachten Überlegungen beruhen, neben den genannten Beobachtungen von Reflexion und Farbkontrast des Zimmers, auf der Idee eines Zwitters. Der konträre Mix besteht aus einer körperhaft geschlossenen Blechschale, wie man sie kennt, und einer durch Reflektoren aufgelösten rechteckigen Form, die nur diffuses Licht erzeugt.

Die Gleichzeitigkeit von vermeintlichen Gegensätzlichkeiten lässt eine nicht eindeutige Mischung aus Bekanntem und Unbekanntem erkennen. Die Vorstellung eines Helligkeitsverlaufs von einer dunklen Decke mit einem leicht erhellten Zentrum hin zu einem hell erleuchteten Tisch und Boden sind bestimmend für die endgültige Formfindung der Leuchte. Durch ein Reflektorensystem aus vier Schalen wird diese diffuse Lichtstimmung erreicht.

Die Blechschalen werden auberginefarbig lackiert und die Reflektorenseiten seidenmatt eloxiert. Mehrfach übereinander aufgetragene Farbschichten erzeugen einen Mischton, der eine starke Tiefe der Farbschicht suggeriert. Durch den dunklen polierten Lack und die dem goldenen Schnitt ähnliche Proportionierung, die den ganzen Raum beherrscht, wird die Leuchte eindeutig diesem Raum und Ambiente zugeordnet.

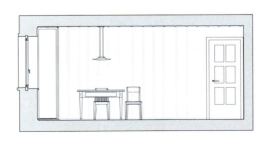
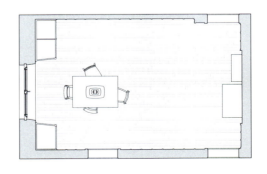

Sara Schibler

Alabaster
Gefunden, abgebaut, aus dem Steinbruch herausgesprengt, zu Tage befördert.
Gesägt, eingespannt und gedreht.
Schicht um Schicht abgerungen, geschliffen, poliert.
Ein Körper – kegelförmig, stumpf.
Ein Stück Stein – natürlich entstanden. Zufällig.
Vom Menschen entdeckt, bearbeitet, gestaltet und verwendet.

Licht
Lebensnotwendig.
Auf dem Tisch, an der Decke – zum Arbeiten, zum Essen.
Warm. Angenehm.

Die Deckenleuchte
Einfach und schlicht. Selbstverständlich.
Die Aufhängung aus Metall.
Matt, kalt, hart.
Sechs Litzen – ummantelt von Metalldraht.
Umflochten. Weich.

Feierlich

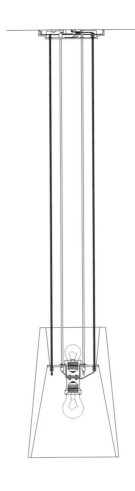

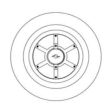

Leuchtmittel:
Glühbirnen 40 / 60 Watt

Leuchtkörper:
Alabaster, gedreht

Konstruktion:
Chromstahl, gebürstet

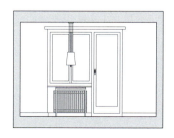
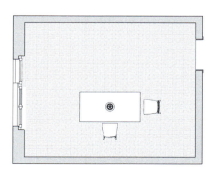

Karin Schultze

Die Leuchte besteht aus zwei Halbschalen aus gefärbtem Glas. Das Überfangglas weist eine innere weisse Schicht und eine äussere warmgelbe Glasschicht auf. Durch einen Drehmechanismus können verschiedene Lichtqualitäten erzeugt werden. In geschlossenem Zustand umhüllen die Halbschalen den Leuchtkörper vollkommen. Dadurch entsteht eine gedämpfte warme Lichtstimmung, in der man sich vorstellen könnte, ein Glas Whisky zu trinken, Musik zu hören und die Sorgen des Alltags zu vergessen.

Zum Lesen oder Schreiben wird, durch Drehung der beweglichen Halbschale, weisses und direktes Licht ausgestrahlt. Durch die Zweischichtigkeit des Glases (innen weiss, aussen gelb) wird der Kontrast zwischen den beiden Lichtqualitäten noch verstärkt, da das Weiss im geöffneten Zustand als heller Reflektor wirken kann.

Die Höhe der Leuchte ist der ungefähren Kopfhöhe einer im Sofa sitzenden Person angepasst. Die metallischen Teile sind vernickelt und glänzen in einem eher wärmeren Ton.

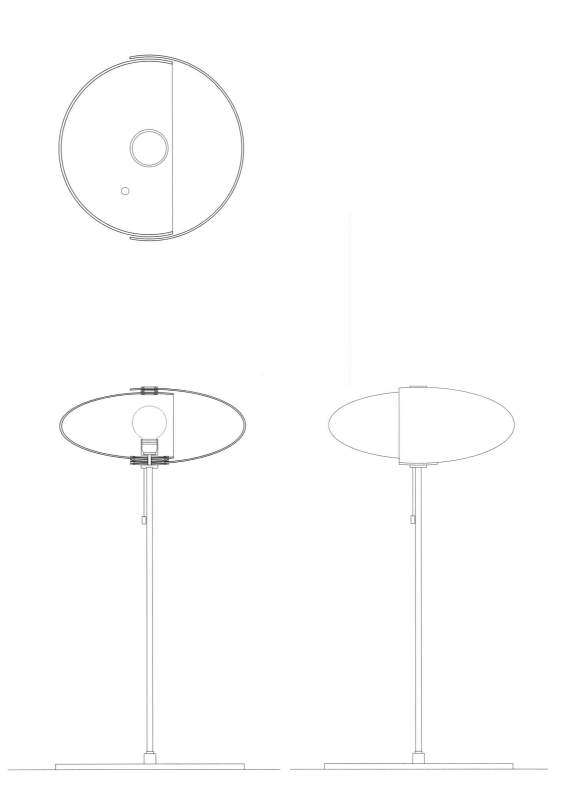

Leuchtmittel:
Glühbirne 60 Watt matt

Leuchtschale:
Überfangglas 6 mm
aussen warmgelb, innen weiss

Konstruktion:
Stahl, vernickelt

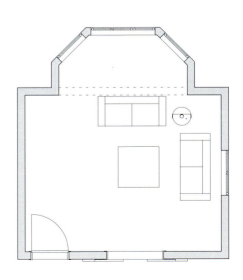

Jörg Schwarzburg

Entworfen wurde diese Leuchte für das Speisezimmer der Villa eines Kunstsammlers am Zürichsee. Typisch für Häuser aus den Jahren vor dem Ersten Weltkrieg, wenngleich in besonders grosszügigem Massstab, mischen sich dort Elemente klassischer, repräsentativer Architektur mit dem intimeren Typus des englischen Landhauses. Direkt von der zweigeschossigen Halle gelangt man, durch eine von Stein gerahmte Öffnung, in den fünf Meter breiten und sieben Meter langen Raum. Über eine in Kirschholz gefasste Verglasung ist er mit den Wohnräumen verbunden, an der Stirnseite befindet sich ein steinerner Kamin.

Der Boden ist mit Parkett aus hellen und dunklen Holzrauten ausgelegt, die Decke wird von zurückhaltenden Stuckleisten gerahmt. In der Mitte des Raumes steht eine lange Tafel, an der zwölf Personen Platz finden, an den Wänden hängen ausgewählte Bilder des Kunstsammlers.

Dem Esstisch folgend ist die Leuchte länglich proportioniert, sie misst 117,5 x 26 cm und ist 42 cm hoch. Zwei Stimmungen muss das Licht in diesem Raum zugleich auseinanderhalten und zusammenfassen: Filigrane Glasstäbe brechen das Licht vielfach und erzeugen einen feierlichen Glanz über dem Tisch. Die Kunstwerke an den Wänden werden über die mattierten Glasscheiben gleichmässig ausgeleuchtet, welche das Licht gedämpft in den Raum streuen. Ihre leichte, einseitige Wellenstruktur schafft einen Übergang zwischen den Glasstäben und der glatten Bronze des tragenden Rahmens, hinter dem die Leuchtmittel in Form von fünf Glühlampen verborgen sind. Sämtliche Gläser hängen in einem Rahmen, der seinerseits mit vier Ketten an der Decke aufgehängt ist. Die auskragende Hohlkehle reflektiert nochmals Licht nach unten und bildet einen räumlichen Abschluss über der Tafel.

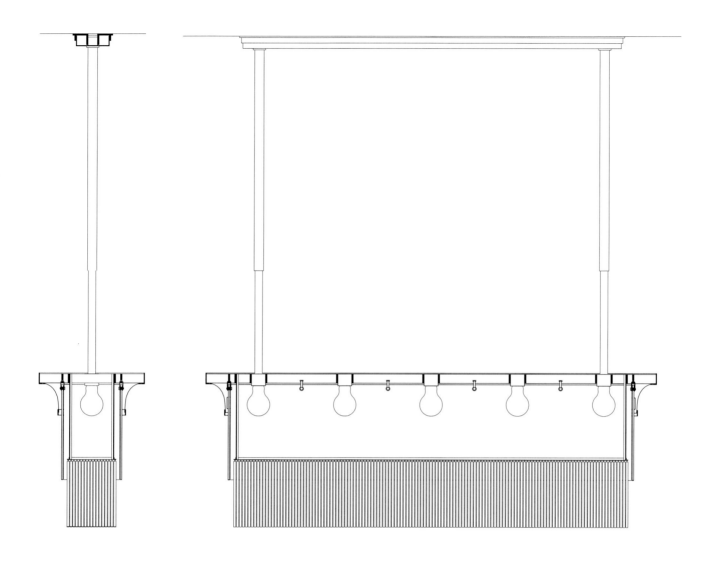

Leuchtmittel:
Glühbirnen 5 x 75 Watt

Glas:
Glasstäbe klar 6 x 200 mm
Glas leicht profiliert 4 mm

Konstruktion:
Baubronze und Messingbleche, brüniert

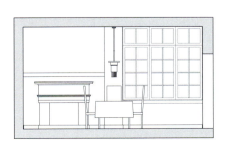
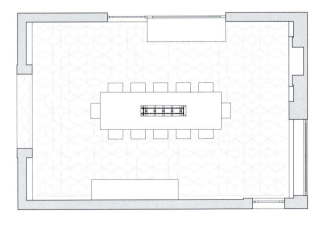

Claudia Suter

Das Esszimmer, für das die Leuchte entworfen wurde, besticht durch seine Höhe und seinen strengen Ausdruck durch die mit Wandtäfer umsäumten, weissen Wände. Die strenge, einfache Gliederung des Wandtäfers, die den Raum umsäumt, ist bestimmend für den Entwurf. Dieser Ausdruck des Raumes wurde über die Formensprache der Leuchte aufgenommen und durch die additive Aufreihung der Glasrohre überhöht. Im Kontrast dazu hängt die Leuchte als schwebendes Objekt im Raum und sucht so, die Strenge des Raumes zu brechen. Die Materialwahl, klares Glas und glänzender Chromstahl, unterstützen die beabsichtigte Suggestion der Leichtigkeit und des Schwebens der Leuchte. Die massive körperhafte Erscheinung der Leuchte wird über die Lichtwirkung aufgelöst.
Über die Reflexion des Leuchtkörpers wird die vertikale Anordnung der Glasrohre gebrochen und in ein Spiel zwischen Horizontalität und Vertikalität verwickelt. Diese Reflexion, die je nach Standpunkt des Betrachters sich verändert, unterstützt die Transformation des Raumes.

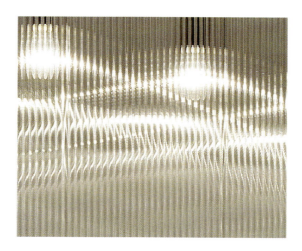

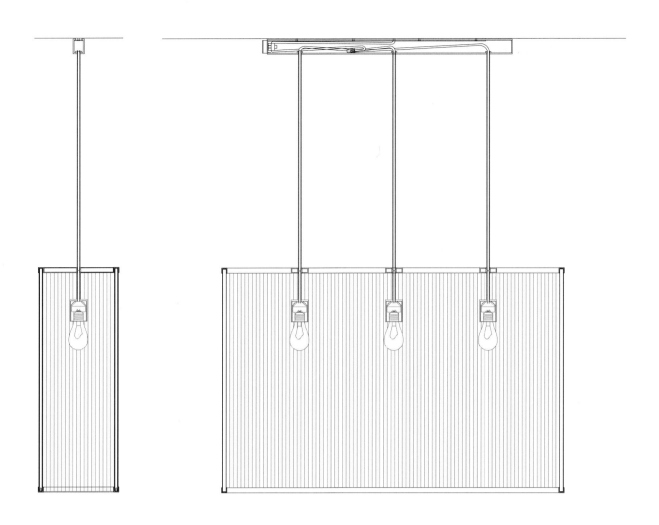

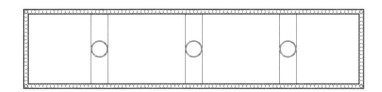

Leuchtmittel:
Glühbirnen 3 x 25 Watt

Leuchtkörper:
Chemieglaszylinder Duran
D10 L600 mm

Konstruktion:
Stahl, verchromt

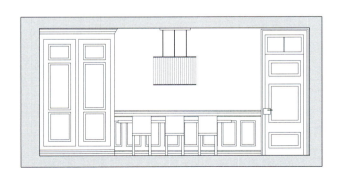
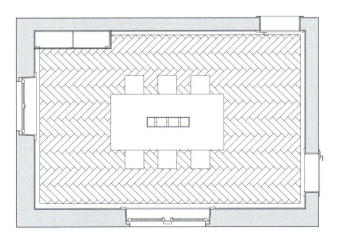

Christian Verasani

Die Pendelleuchte wurde für ein Esszimmer in einem Jugendstilhaus am Zürichberg entworfen. Das Esszimmer, vom Besitzer stilgerecht renoviert und eingerichtet, hat einen Fenstererker gegen den Garten hin, welcher die Symmetrie des Raumes bricht und dadurch diesen dominiert. Die Leuchte ist so konzipiert, dass sie den Esstisch erhellt, die Decke aber nur wenig ausleuchtet. Das eigentliche Esszimmer wird in der Leuchtdichte zurückgenommen, was die Grösse des Raums verschweigt. Das Licht ist auf den Esstisch konzentriert und somit auf das Essen und die an ihm sitzenden Menschen – eine Atmosphäre von Gemeinschaft und Geborgenheit entsteht.

Die tiefe Aufhängung der Leuchte verhindert eine Blendung der am Tisch sitzenden Personen. Durch die spiegelnden Innenseiten des Glases wird das Licht direkt auf den Esstisch verteilt, seine unmittelbare Umgebung erhellt der matte Schein der geätzten Aussenseiten des Glasschirms. Die oktogonale Form ist eine Reverenz an den verwinkelten Erker, der das Esszimmer nach dem Aussenraum, dem angrenzenden Garten erweitert und so auch positioniert. Das Prinzip des Oktogons und dessen Winkel wird in der Konstruktion aufgenommen. Die acht Glasflächen – aussen geätzt, innen spiegelnd – sind in einem mattglänzenden Rahmen aus Aluminiumprofilen gefasst. Dieser Rahmen kippt am oberen Schirmrand in einem Winkel, der sich proportional zu dem 45-Grad-Winkel der Oktogonseiten verhält, nach innen. Ihre präzise Form erhält die Leuchte durch die abgewinkelten Aluminiumprofile, welche an ihren Verbindungsknoten in Gehrung zusammenstossen und verschraubt sind. In Verbindung mit der planen Fläche des ausfachenden Glases, das präzise Schatten entwickelt, zeigt sich so über die Konstruktion eine markante Körperhaftigkeit, die sich klar im Raum definiert.

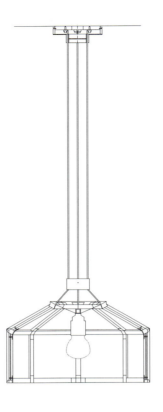

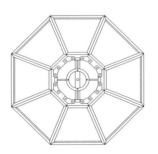

Leuchtmittel:
Glühbirne 60 Watt

Glas:
Floatglas, geätzt, innen verspiegelt, 2 mm

Konstruktion:
Aluminium

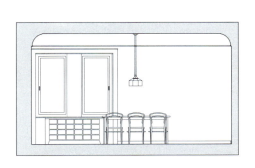
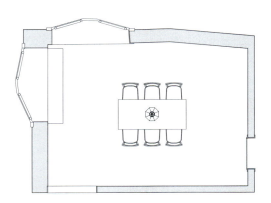

99

Michael von Arx

Der Raum hat eine gesetzte Grundform (5:4) und eine wohltuende Höhe (3 m).

Der Parkettboden ist aus verschiedenen, warmen Hölzern gefügt, Wand und Decke zurückhaltend mit Stuckatur geschmückt und die Fenster feingliedrig strukturiert – ein angenehmer Raum zum Essen und Wohnen.

Die Leuchte wirkt eigenständig und erzeugt drei unterschiedliche Lichtstimmungen: eine helle zum Lesen, eine dezente zum Essen, eine intime zum Geniessen.

Die Stehlampe besteht aus einem Sockel und einem Leuchtkörper. Der Sockel gibt der Leuchte den optischen und statischen Halt. Der Leuchtkörper ist hart in seiner geraden Zylinderform und weich durch seine Lichtabgabe. Der Halogenstrahler (inklusive Transformator) im Sockel und die matte Glühbirne in der Zylinderkrone sind zusammen oder je einzeln geschaltet.

Der Sockel besteht aus Aluminium. Seine Oberfläche ist sandgestrahlt und lässt das harte Metall weicher erscheinen. Der Leuchtkörper besteht aus Seide und ist zweischichtig bespannt (Hohlzylinder). Dadurch wird das textile Material körperhaft und scheint über dem Sockel zu schweben. Die jeweilige Verfremdung versucht Sockel und Leuchtkörper zu vereinen. Das innere hochtransparente Plexiglasrohr dient als Halterung und Brandschutz.

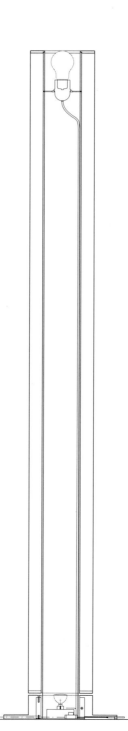

Leuchtmittel:
Krone: Glühbirne 100 Watt matt
Sockel: Halogen 50 Watt

Stele:
Innen: hochtransparentes Plexiglasrohr 3 mm
Aussen: weisse Seide, zweifach gespannt

Metallteile:
Aluminium, sandgestrahlt

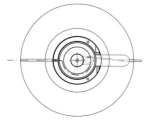

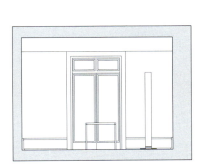
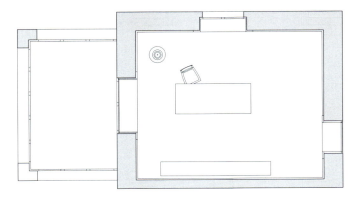

103

Bianca von Geyr

Aus dem Inneren kommend, gleitet das Licht entlang der hölzernen Spirale in den Raum. Das filigrane Ahornholzblatt wird vom Licht durchflutet, und zusammen mit der natürlichen Maserung und dem Farbton des Holzes entsteht im Wohnraum eine warme und angenehme Atmosphäre.

Rechtwinkligkeit, filigrane, runde Stahlstützen, grosszügige Verglasung an zwei Fronten, rohe Steinplatten am Boden, weiss getünchte Decke und Wände charakterisieren den Raum, für den ich die Leuchte entworfen habe. Er ist mit minimalen, prägnanten Mitteln konstruiert und gestaltet.

Die Leuchte ist wie der Raum in ihrer Materialität roh gehalten. Die Spiralform, obwohl geometrisch aufgebaut, soll im Raum zusammen mit dem Licht ein verspieltes, zum Raum gegensätzliches Element bilden.

Chromstahlplatten formen mittels eines Stecksystems den rechteckigen, schweren Sockel, welcher die hölzerne Spirale in ihre Form spannt.

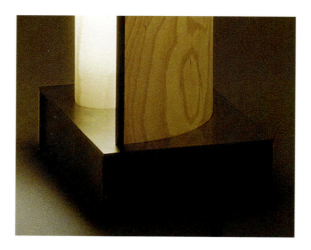

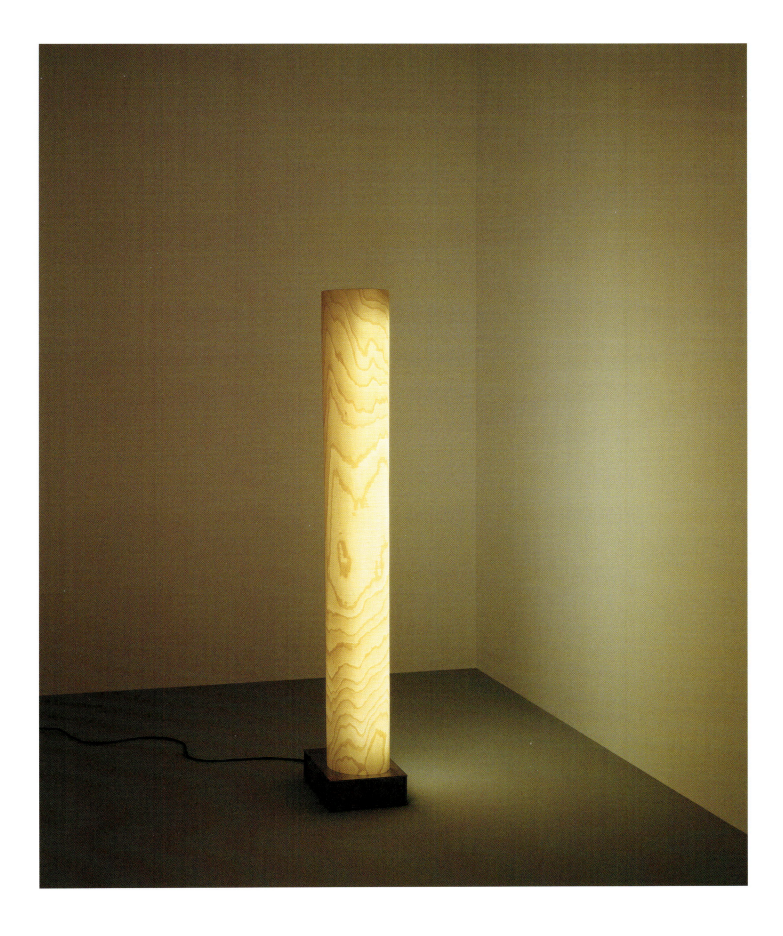

Leuchtmittel:
Leuchtstofflampe 58 Watt
Lumilux plus weiss L1445 mm, D16

Holzspirale:
amerikanisches Ahornfurnierholz 0,6 mm

Konstruktion:
Chromstahl, gebürstet

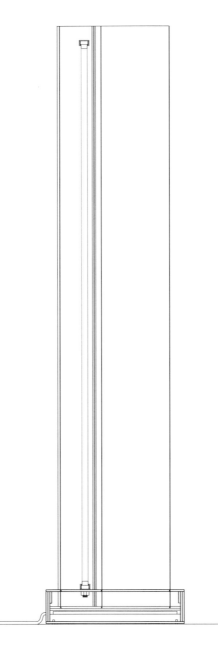
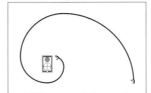

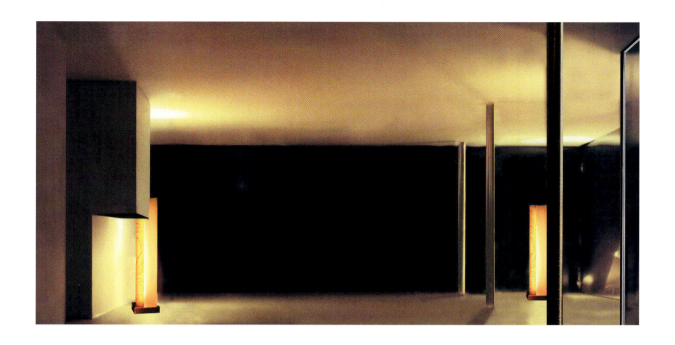

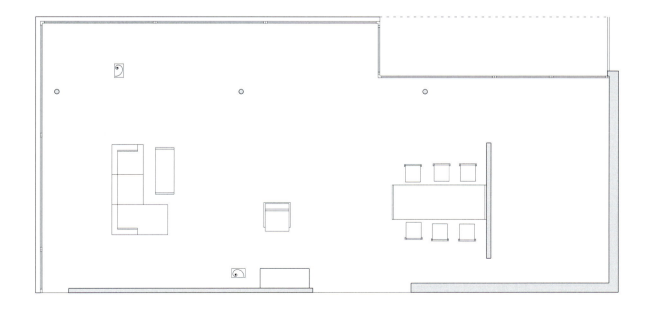

Im Namen der ETH danken wir allen beteiligten Firmen, die mit ihrer grosszügigen Unterstützung die Realisation der Ausstellung an der Swissbau '03 ermöglicht haben:

BAK Bundesamt für Kultur

MCH Messe Basel

ewz Elektrizitätswerk der Stadt Zürich

Canonica AG Gipsergeschäft, Basel

Zschokke Bau AG, Niederlassung Zürich

Hatt-Haller Umbau + Renovationen

Marcel Fischer Baumalerei, Basel

Selmoni Installation AG, Elektronische Unternehmungen, Basel

Stamm Bau AG, Basel

SVGG Schweizerischer Verband der Gips- und Gipsbauplattenindustrie

VST Verband Schweiz Tapezierer

Wedeco, Binningen (BS)

Omexco, B-3001 Heverlee

Schmitz GmbH + Co. KG, D-45035 Essen

Feller AG, Elektrotechnische Artikel, Horgen (ZH)

Osram AG, Lichtquellen, Winterthur (ZH)

Tom Visual, Beschriftungen, Reinach (BL)

Bosshard + Co., Rümlang (ZH)

Swissmetal, Metallbauarbeiten, Dornach (BL)

Einen weiteren Dank den folgenden Firmen für ihren besonderen Beitrag zum Druck des Kataloges:

BAK Bundesamt für Kultur

ewz Elektrizitätswerk der Stadt Zürich

Belux

Ribag AG

Waser Druck AG

Architekturforum.ch

Den Spezialisten und Leuchtenherstellern danken wir für die Begleitung und professionelle Realisation der Prototypen.

Altenburger Olivier	Metallbauarbeiten:
	ETH Physik Zentrale Werkstatt HPT, Zürich
	Glasbearbeitung:
	Quendoz Glas, Schlieren (ZH)
	Glasoberflächenbearbeitung:
	Mäder & Co., Zürich
Burtolf Christian	Metallbauarbeiten:
	Surber Metallbau AG, Zürich
	Lampenschirm:
	Eichenberger decolight, Neuenhof (AG)
	Elektrozubehör:
	Pusterla AG, Zürch
Chrysta Petr	Leuchtenhandel:
	Aladin Antik, Zürich
	Lampenschirm:
	Atelier Polloni, Meilen (ZH)
	Innenausbau und Raumgestaltung:
	Glaesser Design, Zürich
	Elektrozubehör:
	Insta Elektro GmbH / AGRO, Hunzenschwil (AG)
Dilger Tanja	Metallbauarbeiten:
	Metallbau Burgert, D-79189 Bad Krozingen
	Elektroinstallation:
	Elektrotechnik, D-79258 Hartheim
Donaubauer Maximilian	Raum:
	Diözesanbauamt Eichstätt, D-85072 Eichstätt
	Lichttechnische Beratung:
	Ingenieurbüro Bamberger, D-85137 Pfünz
	Elektroinstallation:
	Elektro Arzheimer, D-85072 Eichstätt
	Metallbauarbeiten:
	Robers Leuchten GmbH & Co. KG, D-46354 Südlohn
	Glasbearbeitung:
	Staatliche Glasmanufaktur Harzkristall, D-38895 Derenburg
Gantner Stefan	Metallbauarbeiten:
	ETH Physik Zentrale Werkstatt HPT, Zürich
	Plexiglas:
	Perplex, Zürich
	Elektrozubehör:
	Leuchten-Giger AG, Zürich
	Distrelec AG, Nänikon (ZH)
	Pusterla Elektronik AG, Zürich
Gruber Hans-Peter	Leuchtenhersteller:
	Trilux AG, Dietikon (ZH)
Haefeli Raphael	Metallbauarbeiten:
	Laube + Co., Mellikon (AG)
	Lampenschirm:
	Pianezzi-Leuchten, Knonau (ZH)
Hahn Anja	Metallbauarbeiten:
	ETH Physik Zentrale Werkstatt HPT, Zürich
	Glasbearbeitung:
	ETH Physik Glasbläserei HPF, Zürich
	Emailarbeiten:
	Email-Atelier Steiner, Goldau (SZ)

Heider Valérie	Lichtplaner: Ampère Projekt AG, Zürich Beleuchtungen: Hans Knaak, Bergdietikon (ZH) Glasbearbeitung: Glaswerkstatt, Zürich
Hurschler Barbara	Leuchtenhersteller: Zwicker Licht, St.Gallen
Krayer Lukas	Leuchtenhersteller, Glashütte: Berliner Messinglampen GmbH, D-10555 Berlin Metallbauarbeiten: BBI Züri West, Zürich
Langer Anne	Leuchtenhersteller: Louis Poulsen Lightning, Schlieren (ZH)
Nachbur Mathias	Leuchtenhersteller: Cristallux, D-72178 Waldachtal Metallbauarbeiten: Swiss-Tech GmbH Präzisionsmechanik, Aetingen (SO)
Schibler Sara	Leuchtenhersteller: Regent Beleuchtungskörper AG, Basel Natursteinverarbeitung: Köppel Natursteine, Widnau (SG)
Schultze Karin	Leuchtenhersteller: Ribag AG, Muhen (AG)
Schwarzburg Jörg	Leuchtenhersteller: Swissmetal, UMS Swiss Metalworks Ltd., Dornach (SO) Metallbauarbeiten: Reber Metallbau AG, Muttenz (BL)
Suter Claudia	Eigenbau
Verasani Christian	Metallbauarbeiten: ETH Physik Zentrale Werkstatt HPT, Zürich Glasbearbeitung: Quendoz Glas, Schlieren (ZH) Glasoberflächenbearbeitung: Fällander Glas AG, Fällanden (ZH)
Von Arx Michael	Metallbauarbeiten: ETH Physik Zentrale Werkstatt HPT, Zürich Stoffhülle: Barbara Suter, Zürich
von Geyr Bianca	Elektrozubehör: Zumtobel Staff, Luzern Metallbauarbeiten: Merki + Hitz AG, Siggenthal-Station (AG) Stele: Bollinger Furniere AG, Nürensdorf (ZH)
besondere Leistungen	Kristalle: D. Swarowski & Co., A-Wattens Schreinerei: Hobel Genossenschaft, Zürich Drechslerei: Drechslerei, Dübendorf, Zürich

Warum wir vergessen haben, was Nein bedeutet.

Sie haben einen Wunsch. Etwas ganz Ausgefallenes. Etwas, das vielleicht gar nicht realisierbar ist? Gut so. Waser Druck betritt nämlich gerne Neuland. Grundsätzlich ist alles möglich. Sie werden kein Nein von uns hören. Nicht, solange wir alles versucht und alle Abklärungen getroffen haben. Am Ende lautet die Antwort eben doch meistens Ja. Kein Wunder, vergessen wir langsam, was Nein heisst. Aber notfalls gibt's ja Nachschlagewerke. Wir freuen uns auf Ihre Knacknuss: 01 847 47 47 oder www.waserdruck.ch